Line Renaud

Les rencontres de ma vie

Line Renaud, 2004

Line Renaud

Les rencontres de ma vie

chêne

Merci la vie !

Eh bien voilà, ça y est
Je crois que le plus dur est fait
J'ai mes 80 balais !
Ça me fait un plaisir fou
De les vivre avec vous.
C'est un sacré rendez-vous
Quand je pense à ces huit décennies.
Seulement trois mots me viennent à l'esprit
Merci la vie !
Eh oui, les 80 ans sont bien là...
Comme c'est curieux, je ne les sens pas.
Avec mon cœur qui bat tout le temps
J'ai l'impression d'avoir quatre fois 20 ans.
J'ai préparé pour vous
Un petit raccourci de mes huit décennies.
La première c'est le Nord, Armentières
Pauvre, très pauvre, mais fier.
Pas toujours facile, les corons
Mais c'était quand même bon.
Il y avait tant d'amour dans la maison
Et mon cœur déjà plein de chansons.
La deuxième décennie commence mal.
Mobilisation générale.
À la guerre papa s'en va
« Non, ma chérie, ne pleure pas. »
Quatre années d'occupation
Enfin, Lille, la Libération
Et mes premiers pas dans la chanson.
Mon chiffre, le 8
Vous allez voir que j'ai raison d'y croire.
Le 8 septembre 45, 8 rue de Belleville,
17 ans (7 + 1 = 8)
Je suis à Paris, youpi !
Pour ma première audition,
Je rencontre mon Pygmalion.
Loulou et sa guitare !
Lui, mon idole
Mon idole est là, devant moi
Je l'crois pas
Il me dit « Ben vas-y, chante, tiens ! Je te donne le LA »
Non, c'est pas vrai, j'en perds la voix !
Rien, rien, rien, NADA !
Et pourtant tout est parti de ce LA-là.
Il compose *Ma cabane au Canada*
Et là, la France me prend dans ses bras.
Loulou me met la bague au doigt
On construit notre maison au fond d'un bois
Dans la forêt d'Saint-Cucufa.
Ne riez pas, ça s'appelle vraiment comme ça.
J'ai 20 ans, je suis jolie, c'est le début de ma troisième décennie.

De chanson en chanson,
C'est un vrai tourbillon.
D'abord de ville en ville, puis de pays en pays.
Cette troisième décennie est une Petite Folie !
Voilà, j'ai 30 ans et devant moi l'escalier du Casino de Paris.
De revue en revue
Je me retrouve à Las Vegas
Avec Loulou et sa guitare à deux places.
Entre l'Amérique et Paris, il se passe deux décennies.
Lors d'une escale
Dans notre capitale
La vie, quel cadeau tu m'as fait
En mettant sur mon chemin Hervé.
Il avait 19 ans quand je l'ai rencontré
Il compte beaucoup pour moi,
Je sais que je compte aussi pour toi.
Je fête mes 50 ans et pourtant
Je dis bye bye à la chanson
Reconversion.
Théâtre, cinéma, télévision,
Ainsi trente étés se succéderont.
Pendant toutes ces années, bien sûr,
Des orages m'ont dévastée.
Quand ceux que j'ai le plus aimés
S'en sont allés.
Là encore, la vie, tu m'as aidée.
Après le départ de Loulou,
Tu m'as laissée maman...
Quatre ans, le temps de redevenir son enfant
Le temps qu'elle m'apprenne que la vie continue.
Je l'ai écoutée, j'ai repris le dessus.
Des choses importantes de la vie m'ont manqué.
Un frère, une sœur, un enfant, garçon ou fille.
La vie a comblé ce vide en me recomposant une famille
Cette famille, elle est là aujourd'hui,
De France et d'Amérique
Des amitiés comme ça, c'est magique !
À ce moment de mon parcours
Je découvre une autre forme d'amour,
Une amitié affectueuse
Qui me rend très heureuse.
Car c'est un être exceptionnel,
Michel.
Assez parlé d'hier,
Je préfère aujourd'hui.
La vie, j'attends de toi,
D'autres premières fois.
Accrochez vos ceintures, on décolle pour demain.
The best is yet to come
Disent les Américains.
Merci la vie d'avoir fait swinguer mes jours
Merci public de m'honorer de tant d'amour.

CI-CONTRE : Le pont de Nieppe ; devant le café de l'Alliance, avec ma mère à droite, ma grand-mère à côté, mes oncle et tante, en bas ma cousine Odette et moi, Jacqueline Enté, deux ans, 1930.

CI-DESSOUS : Avec Maman, 1945.

CI-DESSUS : Avec Simone, ma maman. Là, j'ai dix ans, papa est en captivité.

CI-CONTRE : Le mariage de mes parents, 1927.

Mes parents

Je chéris cette photo, je n'ai que celle-là : leur mariage en 1927. Ils avaient 22 ans. C'est de ce beau couple d'amoureux, Simone et Edmond, que je suis née, un an plus tard.

Quand j'avais dix ans, mon père est parti à la guerre.

Il est resté quatre ans et demi en captivité en Allemagne.

Il était mon héros ! À 16 ans, je suis partie à Paris. J'ai toujours au cœur le regret de ne pas l'avoir assez connu.

Armentières

Maman

Maman était ma clé de contact, je ne pouvais pas commencer ma journée sans entendre sa voix. Peu importaient les kilomètres et les décalages horaires, j'avais besoin de l'entendre dès mon réveil. Jamais le cordon ombilical n'a été coupé entre elle et moi. Quand elle est partie, le 22 juin 1999, j'ai cru que tout s'arrêtait là pour moi. Ni l'envie, ni l'intérêt de continuer sans elle, et pourtant. Dans la nuit qui a suivi son décès, je me suis réveillée soudainement et j'ai senti la force de ma mère entrer en moi. Cette force est encore là et ne m'a jamais quittée. Comme elle le disait si souvent, « Pense à toi, la vie continue ! »

Avec Maman, 1943.

Avec Maman, 1985. Nous fêtons ses 80 ans, à Los Angeles, chez nos amis Ferry.

PAGE DE GAUCHE, EN HAUT : Avec Maman qui m'embrasse et ma grand-mère, assise, le soir de la première de la revue *Plaisirs*, le 11 décembre 1959.

PAGE DE GAUCHE, EN BAS : Après deux ans d'absence, je retrouve Maman et grand-mère qui m'attendent à la descente de l'avion. C'est le bonheur !

Loulou Gasté

Quand j'étais adolescente, on écoutait beaucoup la radio et chaque fois qu'une chanson m'emballait, le compositeur cité par l'animateur était Loulou Gasté. Ces chansons étaient tellement rythmées qu'il était vite devenu l'idole des jeunes, et la mienne en particulier. Dans ma tête de gamine, j'envisageais déjà notre rencontre. Il allait m'écouter chanter et il deviendrait mon Pygmalion ! C'était un rêve impossible : lui à Paris, si célèbre, moi tellement rien, une gamine d'Armentières sans les moyens d'aller ne serait-ce qu'à Lille. Pourtant, c'était écrit ! Le destin a transformé mon rêve fou en réalité. Je l'ai rencontré, il m'a écoutée chanter, il est devenu mon Pygmalion, a fait de moi Line Renaud et... en plus de ses chansons, il m'a donné son nom. C'était le 18 décembre 1950.

Cette photo, pour moi, représente vraiment la façon dont nous travaillions toujours nos chansons, Loulou, sa guitare et moi.

PAGE DE GAUCHE, EN HAUT : Ma première rencontre avec Loulou, en 1945, à ses éditions musicales, rue de Washington, à Paris. Je suis à droite de la photo, j'ai 17 ans.

PAGE DE GAUCHE, EN BAS : Loulou, toujours avec moi sur scène. Ici, première grande tournée, le triomphe de *Ma cabane au Canada*, 1949.

CI-CONTRE :

Loulou tenait beaucoup à me faire découvrir sa région, le sud de la France. C'était notre premier voyage en amoureux. Ici au *Carlton*, à Cannes, 1946.

PAGE DE DROITE :

En sortant de scène, en coulisses comme dans la vie, Loulou, toujours très attentif, 1950.

Festivals de Cannes, dans les années 1950.

C'est en 1957, pendant le festival de Cannes, que nous sommes devenus très amis avec la Bégum Aga Khan.

New YORK

Mon premier départ pour New YORK!
Le Ed Sullivan Show, puis
Los Angeles Le BOB Hope SHOW

1961. Les époques et les modes se succèdent. Twist et Hully Gully dans notre premier studio d'enregistrement *Loulou Gasté* !

Enfin notre première maison est terminée ! Elle sera celle de toute notre vie. Les Cèdres bleus, notre paradis, 1952.

Événement dans ma carrière : premiers contrats en Amérique, au Waldorf Astoria, à New York, au *Cocoanut Grove*, à Los Angeles puis le *Bob Hope Show* ! Loulou et mon pianiste Pierre Guillermin m'accompagnent. Surprise !

Dans l'avion, Hubert Rostaing et Django Reinhardt viennent jouer pour nous *Ce n'est qu'un au revoir* !
Sur la photo de gauche à droite : Pierre Guillermin, Loulou, Hubert Rostaing et Django Reinhardt, 1954.

Ici, en 1965, dans Freemont Street à Las Vegas, au cours d'un reportage, *Line à Vegas*, pour la télévision française.

Dans ma loge, à Las Vegas, c'était un défilé de gens célèbres qui m'éblouissaient ! Ce soir-là, l'anniversaire de Danny Kaye, 1965.

ce que j'aimais le plus :
être à la Maison, avec
mes deux amours - Loulou
Maman et toujours un Berger

Ici sur le banc de pierre de la maison, sous notre cèdre bleu, là où Loulou adorait s'isoler pour composer, été 1984.

PAGE DE GAUCHE : En accomplissant mon rêve, j'ai aussi fait rêver Maman. Ma fierté était de l'emmener avec nous dans les grandes soirées, 1984.

Festival de Cannes, 1984. Nous nous rendons au dîner organisé par Francis Bouygues après la projection du film de Pedro Almodovar, *Talons Aiguilles*. Loulou me disait toujours avec humour : « Le noir te va si bien ! »

PAGE DE DROITE : Sans doute l'un des plus forts moments d'émotion et de bonheur de ma vie. Mon Loulou vient d'échapper à la mort. Il est guéri ! On lui fête un merveilleux anniversaire surprise pour ses 75 ans, au *Paradis Latin*, 1983.

Pour cet anniversaire miracle, nos amis et tous les artistes sont venus lui chanter ses chansons ! De gauche à droite sur la photo : Mady Mesplé, Michèle Torr, Chantal Goya, Jaïro, Philippe Clay, Mireille Mathieu, Enrico Macias, Jacques Chirac, Loulou, Bernadette Chirac et Dalida, 1983.

Depuis, nous avons fait une tradition de fêter chaque année l'anniversaire de Loulou. Ici au *Fouquet's*, 1989.

PAGE DE DROITE, EN BAS : Avec Luciano Pavarotti et Vittorio Gassman, le jour de la remise du Masque d'argent, à Campione, 1988.

Hervé
Il avait 19
ans, quand je
l'ai rencontré.
Il compte
tellement pour
moi. Ici en
Italie je reçois
le Masque d'Argent

Mistinguett

La 1ère fois, à Lille, j'avais 15 ans. Elle me voyait avec des oiseaux partout. Que voulait elle me dire. Meneuse de Revue évidemment

CI-DESSUS ET CI-CONTRE : C'était en 1954, je chantais au *Moulin Rouge*, qui à l'époque était un music-hall. Chaque fois que je me produisais à Paris, elle était là, la Miss ! Hélas elle ne m'a pas vue en meneuse de revue, elle n'était plus de ce monde.

1949, dans une émission de radio. Ici, les trois lauréats du Grand Prix du disque, Henri Salvador, Bourvil et moi, interprètons chacun notre chanson.

8 mars 1949, au *théâtre des Champs-Élysées*. Nous remportons le Grand Prix du disque, qui serait aujourd'hui l'équivalent du Grand Prix de l'Eurovision. Moi pour *Ma cabane au Canada*, Bourvil pour *Les crayons* et Henri Salvador pour *Parce que ça me donne du courage*.

Ici, le même soir, Maurice Chevalier est venu nous féliciter !

Maurice Chevalier

J'ai connu Maurice Chevalier en 1946. Encore un coup du destin ! Je n'avais pas encore de maison de disques, donc pas d'enregistrements, hormis un disque souple, un titre de l'une des chansons de Loulou, un blues, *Nous deux*, « Nous deux l'un contre l'autre, nous deux sans s'occuper des autres... ». Nous apprenons dans une annonce parue dans *France-Soir* que les productions américaines Ray Morgan cherchent une chanteuse pour être chaque semaine aux côtés de Maurice Chevalier dans l'émission *This is Paris* pour la radio américaine. Il suffisait d'envoyer un disque et une photo accompagnée d'un CV. Le mien était bien petit ! Bien sûr, nous répondons à l'annonce immédiatement. Après une première sélection de 20 candidates sur 150, j'étais choisie, puis dans la sélection de 10, j'y étais encore. Pour finaliser le choix, nous devions être interviewées par Maurice Chevalier, un tête-à-tête auquel il tenait beaucoup, car il était très rigoureux, perfectionniste. Il ne voulait pas être influencé par autre chose que par la personnalité et la sensibilité des chanteuses candidates. Après dix minutes d'entretien, je l'emportais ! Tous les jeudis, je prenais le Train bleu avec Loulou, Django Reinhardt, Hubert Rostaing et Aimé Barelli en direction de Cannes, hôtel Carlton, où nous retrouvions le grand orchestre de jazz Paul Baron. Chaque semaine, je devais apprendre deux standards américains et donner la réplique à Maurice.
Cette magnifique aventure a duré douze semaines pendant lesquelles j'ai beaucoup appris en observant Maurice.
J'ai tout compris sur la façon de toucher le public américain. La personnalité d'abord !
Notre amitié avec Maurice a débuté là. Il a été ma première chance vers l'Amérique.
Il a ensuite suivi ma carrière, du début de ma popularité avec le Grand Prix du disque pour *Ma cabane au Canada,* en 1949, en passant par les émissions de télévision avec Bob Hope, à Hollywood en 1954, enfin à Las Vegas où je chantais au *Dune's Hotel* et lui au *Desert'Inn.* « Garde toujours ta bonhomie, ton charisme, me disait-il. Il n'y a pas d'école pour ça. On l'a ou on ne l'a pas. »

EN HAUT : Avec Bob Hope et Maurice Chevalier, 1955.
CI-CONTRE : Avec Maurice Chevalier, 1947.
PAGE DE DROITE : Avec Maurice Chevalier, en Amérique, 1964.

SAcha le fils de la Soeur de RAY Ventura,
l'orchestre dont Loulou était dans les Années 30, Le Guitariste
À Juan les Pins il Avait 13 Ans et moi 17

Baptême de ma maison de disques, *Line*, avec Sacha, 1962.

Avec Gino Bartali, 1949.

J'ai fait le Tour de France en 1950
dans la Caravane - J'ai donné tant
de Maillots Jaunes - Les Coureurs étaient
NOS Amis - Bobet en Particulier

Avec Fausto Coppi, 1952.

CI-CONTRE : Avec Hugo Koblet, 1951.
CI-DESSOUS : Avec Poulidor, Thévenet et Anquetil, 1968.

un nouveau départ, l'Angleterre - show télé
Paris Picadilly chaque semaine en 1956

Hollywood

Chez Alfred Hitchcock, 1955.

PAGE DE DROITE : Très émue quand Vivien Leigh, accompagnée de Maurice, vient me féliciter dans ma loge au *Cocoanut Grove*. Scarlett O'Hara, devant moi, 1956.

Avec Ingrid Bergman, 1954. Nous nous rendons à une grande réception chez Jack Warner, le célèbre producteur.

L'immense pianiste de charme, Liberace, « l'extravagant » comme l'appelaient les Américains, est venu m'accueillir à Hollywood, 1954.

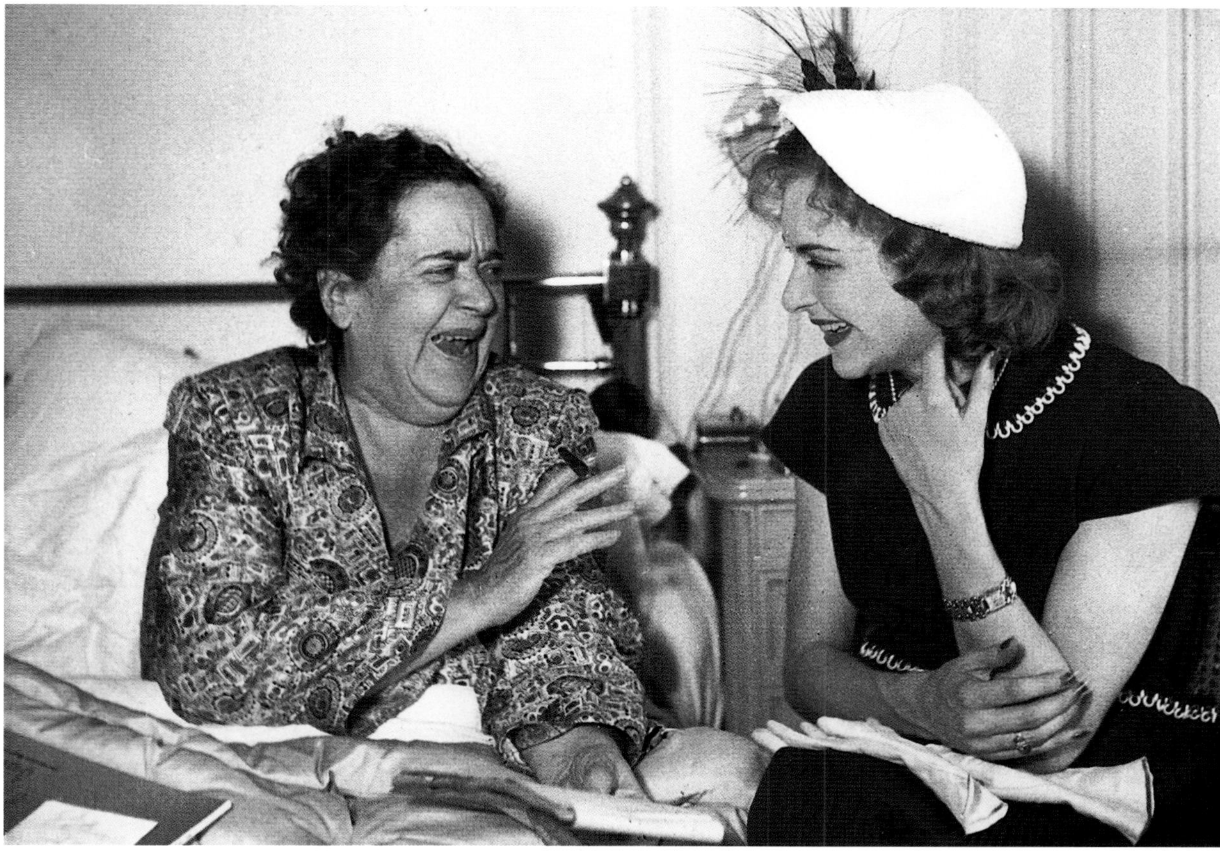

Avec Elsa Maxwell, 1955. Elle était l'une des journalistes les plus influentes d'Hollywood. Ce jour-là, elle m'interviewait depuis son lit car elle était souffrante.

PAGE DE GAUCHE : Chez Jane Russell, si belle, si drôle, si accueillante ! On comprend pourquoi Howard Hawks l'a tant aimée..., ici en 1958.

Bob Hope, me découvre en 1954. Je chantais au Moulin Rouge – Il m'engage pour une Série de Bob Hope Show.

Dean Martin

Pendant que j'étais à Hollywood pour participer à plusieurs *Bob Hope Show,* l'émission la plus populaire des États-Unis, j'ai été engagée dans le célèbre night-club de Los Angeles, le *Cocoanut Grove*, là où passaient Samy Davis Jr, Danny Kaye, Judy Garland ! Un soir, nous recevons un appel de Monsieur Lee Gillet, directeur artistique de Dean Martin chez *Capitol Records*. Nous avons d'abord pensé, Loulou et moi, à une blague, jusqu'à ce que ce monsieur vienne nous rencontrer avec deux partitions : *Relaxez-vous* et *Two Sleepy People*. Rendez-vous fut pris au studio *Capitol* avec Dean Martin, pour voir si nos personnalités et surtout si nos tonalités s'accordaient. Notre duo *Relaxez-vous* est devenu un très grand succès, notre amitié aussi. Dix ans plus tard, de Las Vegas, il m'arrivait encore d'aller à Los Angeles pour participer au *Dean Martin Show* !

En duo avec Dean Martin, enregistrement de *Relaxez-vous* au studio *Capitol* de Los Angeles, 1955.

Le *Dean Martin Show*, 1965. Nous chantons *Two Sleepy People*.

Sur le green du *Desert Inn* à Las Vegas, je l'interviewe pour une émission diffusée à la télévision française, 1965.

En direct avec Dean, 1965. Nous chantions *Side by Side* en duo.

CHEVROLET
HOWARD
CLOTHES
HOWARD

PAGE DE GAUCHE : Avec Paul Anka, sur Broadway, à New York, 1958.
CI-DESSOUS : Avec Errol Flynn, 1950.

1954, Hollywood vient chez moi ! Quelle ne fut pas ma surprise de me trouver face à Bing Crosby pour m'interviewer ! J'avais tous ses disques ! Nous avons enregistré ensemble *Person to Person*, l'une des émissions les plus regardées aux États-Unis.

PAGE DE GAUCHE : 1953, avec l'un des plus grands boxeurs de tous les temps, le champion du monde Sugar Ray Robinson. Quel plaisir de traverser Harlem avec lui, debout dans sa décapotable couleur framboise écrasée !

Casino de Paris

"Ma 1ère Revue 1959
"Plaisirs" au Casino
de Paris. 4 Ans avec
à mes côtés le Golden
Gate Quartet

PAGE DE DROITE : Répétition avec le Golden Gate Quartet ; sur l'escalier, Joséphine Baker et Henri Varna, 1959.

Avec Loulou, Joséphine Baker et Jo Bouillon, 1967.

Avec Joséphine Baker

Joséphine a énormément compté dans la deuxième partie de ma carrière. En 1959, j'avais 31 ans, je reprends la tradition des grandes revues et en deviens la meneuse, avec *Plaisirs*.
Une semaine avant la première, pendant une répétition, M. Varna, directeur du Casino de Paris, me dit : « Line, venez ! Joséphine Baker vous appelle de Copenhague où elle est en tournée. » Je ne peux pas le croire, mais oui, c'est bien elle, avec son accent d'oiseau des îles ! « J'ai lu que tu avais peur de l'escalier, me dit-elle. Si tu veux, je serai de passage à Paris quelques jours et je t'apprendrai quelques petits trucs pour mieux le descendre ! » Rendez-vous fut pris et pendant une semaine nous avons passé chaque jour une heure ou deux, rien que toutes les deux, sur l'escalier. Elle m'appelait « sa petite sœur blanche ». En mars 1975, je suis revenue de Las Vegas pour assister à son retour triomphal à Bobino et, quelques jours après, au grand gala au cours duquel elle annonça à Jean-Claude Brialy et à la princesse Grace qu'elle me passait le flambeau. Ce soir-là, nous l'avons raccompagnée chez elle, avec Loulou. Le lendemain, nous apprenions que Joséphine était à l'hôpital, mourante. Nous nous sommes précipités à son chevet et quelques heures après, la voix de l'oiseau des îles s'est éteinte dans un dernier soupir.

Avec Joséphine à Paris, 1974.

Revue *Plaisirs*, 1959.

Première de la revue *Plaisirs* avec Tino Rossi et Henri Varna, 1959.

11 Décembre 1959 - Le Tout Paris est là.
Pour la Première de "Plaisirs" - TINO ROSSI
Tellement Célèbre Vient me féliciter si chaleureusement

PAGE DE GAUCHE : Avec Robert Lamoureux ,Tino Rossi et Philippe Clay, le soir de ma première au *Moulin Rouge*, 1954.
CI-DESSOUS : Une première au Lido avec Lilia Vetti (la femme de Tino Rossi), Tino Rossi et Éliane Cohen, 1960.

CI-CONTRE : Avec Gilbert Bécaud, première de *Plaisirs*, 1959.
EN BAS : Avec Gilbert Bécaud, 1955.
PAGE DE DROITE : Avec mon « filleul » Johnny Hallyday, pendant l'émission « L'École des Vedettes », 1960.

Gilbert Bécaud, la Nouvelle Génération de chanteurs est là aussi toujours survolté et tendre

Johnny Hallyday

En 1960, Aimée Mortimer, productrice de l'émission *L'École des Vedettes*, m'avait demandé de parrainer un artiste débutant. Après qu'elle eut fait une présélection, il restait entre 5 et 8 candidats retenus, parmi lesquels je devais choisir. Sans hésiter, avant qu'il ne chante la moindre note, au moment même où il a fait son entrée dans le studio, j'ai vu en lui une star. Le fameux charisme, qui ne s'apprend pas !

Il s'appelait Johnny Hallyday. Il n'avait qu'une chanson, *Laisse tomber les filles*. Je l'ai donc présenté pour la première fois au public, à la télévision : il avait 17 ans. Depuis, il m'a toujours appelée « Marraine ». Johnny est un cas unique, je suis tellement fière de lui ! Pour moi, ce n'est plus de l'amitié, c'est totalement familial. Un lien encore plus fort depuis que Laeticia est entrée dans sa vie.

Final de *Plaisir* avec Johnny Hallyday et Sacha Distel, 1961.

PAGE DE DROITE : Ce même soir, dernière représentation, Sacha Distel, Johnny Hallyday, et les grands sportifs Michel Jazy, Joseph Vjlaki, Jules Ladoumègue, Roger Poincelet, Yvan Petra et Marcel Thill m'apportent leur trophée pour saluer ma performance de meneuse de revue !

PAGE DE GAUCHE : 1962. Leçon de twist avec Johnny Hallyday. En deux ans, il est devenu « La » superstar !

CI-DESSUS, EN HAUT : Anniversaire de Johnny, 1977.

CI-DESSUS, EN BAS : Avec Johnny Hallyday dans une émission de Guy Lux, 1975.

Avec Nathalie Baye, Johnny Hallyday, Gérard Depardieu et sa femme Élisabeth, Claude Brasseur et Barbara, à la première de *Lily Passion*, 1984.

Avec Johnny Hallyday, au mariage de l'un de nos amis, 1993.

2004… nos deux cœurs swinguent toujours !

Arletty

J'adorais cette actrice, sa gouaille, sa malice, son humour. Plus tard, aveugle, j'allais lui rendre visite dans son petit studio. Elle m'impressionnait

Avec Georges Guétary, Jean Richard, Mony Dalmès et, assise, Arletty, 1966.

Merci à Jean Boyer metteur en scène de "La Madelon" et "L'increvable"

Premiers films

CI-DESSUS À GAUCHE : En 1958, je tourne *L'Increvable* avec Darry Cowl. Notre ami Eddie Barclay vient nous rendre visite.

CI-DESSUS À DROITE :
Sur le tournage de *L'Increvable*, avec Darry Cowl, 1958.

CI-CONTRE : Photo du film *La Madelon*, 1955.

PAGE DE DROITE : Avec Eddie Barclay, 1999.

ma première rencontre avec Edith, en 1949, à Marseille je chantais à l'Alcazar, elle, au Gymnase.

CI-CONTRE, EN BAS : Au Portugal, avec Luis Mariano, 1956.
PAGE DE DROITE : Avec Dario Moreno, 1957.
Ces deux artistes sont probablement ceux qui m'ont fait le plus rire dans ma vie. Quel humour incroyable !

Avec Lino Ventura et Raymond Marcillac, nous recevons la Médaille d'argent de la Ville de Paris, 1961.

Partir, partir, nouveaux Pays, nouvelles aventures !

PAGE DE DROITE : Nat King Cole chantait au *Sands* à Las Vegas. Après nos shows respectifs, nous nous retrouvions très souvent pour souper. Je lui apprenais à chanter en français ! Ici, en 1965.

CI-DESSOUS : Louis Prima, auteur et compositeur et Loulou, 1964. Loulou avait adapté deux de ses chansons, *Just a gigolo* et *Buona Sera*, que j'ai chantées !

J'ai rencontré Elvis en 1960 je crois, quand il faisait son Service Militaire en Allemagne. Il est venu voir mon Spectacle "Plaisirs". Puis dans ma loge avec la guitare de Louloy et le Golden Gate quel concert !

Elvis, c'est l'une des plus belles rencontres de ma vie ! À Paris, il m'avait promis d'assister à la première de mon spectacle, à Las Vegas, en 1964. Il a tenu sa promesse. Il était accompagné par le célèbre acteur américain, Edward G. Robinson.

Avec Ella Fitzgerald et Maurice Chevalier, chez moi à Las Vegas, le 2 juillet 1965… mon anniversaire !

PAGE DE DROITE :

Avec Judy Garland
et Jean Sablon, 1960.

Avec Madame et Monsieur Louis Armstrong, 1963. Je me souviens que sa femme, Lucile, était très gourmande. Là, elle profite du moment où Louis et moi posons pour un photographe, pour goûter et manger le dessert de son mari !

Avec Trini Lopez, tête d'affiche, en 1964 à l'*Olympia*, avec le célèbre *If I had a hammer*, les Beatles assurant ce soir-là la première partie du spectacle ! Ici, dans ma loge, à Las Vegas, en 1965.

Avec Tony Bennett, 1968.

PAGE DE DROITE : Avec Sidney Poitier, 1964.

Avec Jane Russell et Maurice Chevalier, 1965.

Avec Frankie Laine, 1964.

Cary Grant, ici en 1964, adorait la France et parlait couramment notre langue. Nous dînions souvent ensemble à Las Vegas ou chez Gregory et Véronique Peck, à Los Angeles.

PAGE DE GAUCHE : Avec Jerry Lewis, 1965.

Duo avec Johnny Mathis à Paris dans un Show Télévisé. dans les Années 80 - quelle belle qualité Vocale! Quelle Gentillesse!

Je reçois Charles Trenet et Johnny Mathis sur le plateau d'une émission de télévision, en 1974.

101

PAGE DE GAUCHE : Avec Charles Trenet à *Bobino*, 1972.
CI-DESSOUS : Anniversaire de Charles à *Bobino*, 1972.

Ce grand poète, si délicat, adorait les calembours faciles. Il adorait aussi la Vie - on a fêté quelques anniversaires mémorables

Retour de Las Vegas avec Loulou, le 11 décembre 1965. Henri Varna nous accueille, car je vais commencer en 1966 sa nouvelle revue, *Désirs*.

PAGE DE GAUCHE : Anniversaire de Charles Trenet avec Thierry Le Luron et Dani, 1979.

Revue "Plaisirs"

Avec Linda Christian, Mel Ferrer et Pierre Brice, 1962.

PAGE DE GAUCHE : Dernière répétition de la revue *Plaisirs*, 1959. Ce costume du premier final n'est pas encore terminé, les vraies plumes ne sont pas prêtes ! Heureusement, tout le sera pour le jour « J ».

Revue *Plaisirs* de 1959 à fin 1963. Dans ma loge avec maman, mon coiffeur et ami Michel Trigon et mon danseur Fernando Rego. Ce soir-là, *Radio Monte-Carlo* m'interviewe.

Avec Robert Lamoureux, Martine Carol et Christian-Jaque, une Kermesse aux Étoiles, 1956.

Avec Eddie Constantine, 1965. À l'époque, il était au top de sa carrière dans son rôle de Lemmy Caution !

En 1966, lors d'une soirée « Smoking et robe du soir de rigueur ». Évidemment, Francis Blanche ne se plie pas à la règle, ce qui fait beaucoup rire Marcel Achard.

Avec Viviane Romance, 1963.

Brenot. Gigantesque talent d'Affichiste. Je posais des heures, c'était difficile, mais le résultat était extraordinaire. Toutes mes Affiches de Revues sont de lui

Jean-Claude Brialy

Jean-Claude, c'était mon frère. Notre amitié remonte à si loin que je ne sais plus où et quand elle a commencé… quarante-cinq ans de tendresse et d'affection mutuelles. Il était brillant, drôle, c'était un conteur avec tellement d'esprit ! Très présent dans les grandes causes, il a toujours été à mes côtés, depuis 1985, avec l'Association des artistes contre le sida et Sidaction. Et quel partenaire merveilleux, attentionné ! *Poste restante*, la dernière pièce que nous avons jouée ensemble, n'a été que du bonheur en scène et en coulisses ! J'ai été profondément choquée, peinée, par ce départ prématuré. Il était trop tôt pour qu'il nous quitte. Là encore, étonnant Jean-Claude, tu étais tellement malade et tu nous l'avais si bien caché ! Quel panache ! J'ai encore aujourd'hui l'impression qu'il nous joue une farce et qu'il va revenir. On ne le remplacera jamais.

Avec Jean-Claude, Las Vegas, 1964.

Avec Jean-Claude Brialy, dans *Poste Restante*, à Paris, 2002.

Avec Danièle Darrieux et Jean-Claude Brialy, 2002.

Au Collège d'Armentières, dans mes livres, j'avais toutes les Photos de Danielle - Loulou me l'a présentée dans les Années 50. J'ai chanté "Premier Rendez-vous" pour ses 70 Ans de Carrière

J'ai adoré
quand au cours
d'un dîner, elle
m'a dit "Vous
avez de beaux
yeux" – Vous
aussi Michèle !

CI-CONTRE : Avec Michèle Morgan et son fils, Mike Marshall, 2002.

Avec Jean-Pierre Aumont et Louis Jourdan, 1965.

CI-CONTRE :

Avec Martine Carol, 1966.

PAGE DE DROITE : Portrait, 1967.

Avec Jean Marais, 1966.

Jean Marais

À mon arrivée à Paris, je croisais Jean Marais régulièrement rue Notre-Dame-de-Lorette, où j'habitais. Il y promenait son chien Moulouk, un colley beige et blanc d'une rare beauté, qui marchait à ses côtés. Il m'est arrivé rarement dans ma vie d'être à ce point subjuguée par tant de beauté. Je souriais à Jean timidement et j'effleurais le dos du chien, Jean m'adressait en retour un sourire à tomber par terre. Et ça s'arrêtait là. Nous nous sommes mieux connus quand il s'est lié d'amitié avec Georges Rech, un danseur du *Lido*, puis chorégraphe de l'un de mes spectacles télévisés en Italie, dans les années 1960. Jean est ensuite devenu mon voisin quand il habitait Marnes-la-Coquette. J'étais de tous ses anniversaires, il était de tous les miens. Un soir, au cours d'un dîner, j'évoquais nos rencontres anonymes de la rue Notre-Dame-de-Lorette. À mon grand étonnement, il s'en souvenait très bien, gardant en mémoire l'image d'une très belle jeune fille qui portait une robe bleue, du même bleu que ses yeux. Mon dernier souvenir de Jean en scène est *La maison du lac,* avec Edwige Feuillère : ils étaient merveilleux tous les deux, et tellement attendrissants pour moi. Jean était profondément gentil !

Avec Jean Marais, le soir de son anniversaire, 1984.

LE GRAND. VÉFOUR
1993
DECEMBRE

Les 80 ans de Jean Marais,
avec Michèle Morgan, Charles
Aznavour et Jacques Toubon, 1993.

Avec Charles Aznavour, la dernière de *Plaisirs*, 1963.

Charles Aznavour

Charles occupe une place à part dans mon cœur. Nous nous sommes connus à nos débuts à Paris, lui chantant encore en duo avec Pierre Roche, et moi faisant mes premiers pas d'artiste ; j'avais 20 ans. On avait la même volonté, le même but, la même passion : on se voyait déjà en haut de l'affiche ! Nous avons eu l'un et l'autre des périodes difficiles, la presse n'a pas toujours été tendre avec Charles. Il était de bon ton de lui trouver une voix « enrouée » – alors qu'il a une étendue vocale de quatre octaves –, de le trouver trop petit ! Charles est un battant, finalement ces critiques ont été un levier formidable pour sa carrière. Il a prouvé que ce n'est pas la taille qui fait le géant, mais bien le talent. Notre relation était, comment dire ?, une amitié presque amoureuse, et elle l'est toujours !

Avec Charles Aznavour, 1990.

Dîner d'anniversaire de Loulou, au restaurant le *Saint-James*. Avec Charles Aznavour, Madame Serrault, Loulou, Michel Serrault et notre grand ami Levon Sayan. Pour Loulou, pour Maman et pour moi, Levon a toujours été comme un membre de notre famille, 1990.

Quel anniversaire !

... et quel bonheur pour Liza Minelli et moi-même d'être à ses côtés au Palais des Congrès pour ses 80 ans, 2004.

Dalida, Ma Dali ! Ma Line ! nous nous aimions beaucoup toutes les deux - Elle me manque.

Avec Dalida, 1974.

EN HAUT : Ensemble, sur un plateau de télévision avec Claude François, Sheila, Pierre Perret, Gérard Lenorman, Guy Lux, en 1976.

EN BAS : Nous chantons en duo, *Le soir* au *Paradis Latin*, pour l'anniversaire de Loulou, 1983.

CI-DESSUS : Nathalie et Alain Delon sont venus me surprendre à Las Vegas, en 1964.
CI-CONTRE : En 1978, après avoir assisté à ma revue *Paris Line* au Casino de Paris.

Alain Delon

Mon premier souvenir marquant d'Alain dans la vie, c'est chez nous, en 1957, à la Jonchère. Un de nos amis, Georges Beaume (son agent-manager) était venu nous présenter sa future star, son « poulain », comme il disait. Alain avait 22 ans. Et c'est vraiment l'image d'un superbe pur-sang que je voyais sur ma pelouse. Il était là, grand, cheveux au vent, sourire éclatant, la guitare de Loulou entre les mains, chantant à tue-tête, son beau regard bleu se confondant avec le ciel d'été. Inoubliable moment, pour moi. Une star, une grande, était née. Alain est un grand acteur, de cette trempe des Gabin, des Gregory Peck, de ceux qui ont compris qu'être acteur, c'est avant tout le regard, le timbre de voix et un minimum de gestes. En dépit de nos carrières parallèles qui nous ont tenus parfois éloignés, nous avons toujours su garder des rapports d'amitié profonds. Il me l'a prouvé à plusieurs reprises, lors des grands drames de ma vie, le décès de Loulou puis celui de Maman. Bien que tournant à l'étranger, il s'est arrangé pour être présent à chaque fois, à mes côtés.

CI-CONTRE : En 2001, dîner chez un ami commun, avec Farah Diba et Alain Delon.

CI-DESSOUS : Avec Alain Delon et Loulou, chez Eddie Barclay, 1984.

PAGE DE GAUCHE : À *Bercy*, en coulisses, après le concert de Dany Brillant.

CI-DESSOUS : Je suis entourée d'Alain et de Sacha, dans la loge d'Henri Salvador au *Palais des Congrès*, 2004.

Salvador a remplacé
Loulou comme guitariste chez
Ventura - Il m'appelait ma
p'tite Pote - Il a vu je crois tous
mes shows, j'ai vu tous les siens

Octobre 1963 - Mon Nom en lettres de feu sur le STRIP de Las Vegas - Quelle aventure ! Malgré le succès Tout de la France me manquait - Puis j'ai adoré !

PAGE DE DROITE : Sur scène, au *Dune's*, à Las Vegas, 1969.

Quelle belle surprise ! Ma grand-mère, 81 ans, accompagnée de Maman prennent l'avion pour la première fois, afin de nous rejoindre à Las Vegas, 1969.

PAGE DE DROITE : Revue *Paris Line* au Casino de Paris, de 1976 à fin 1979. Dernière représentation !

Paris Line

Dîner après la dernière de *Paris Line* au Jardin du Louvre. Avec Thierry Le Luron, Roger Mimoun, Maman, Kiki Caron, Guy Drut, Nicoletta et Loulou. Assise, la danseuse Noëlle Pontois.

PAGE DE GAUCHE : Portrait, 1967.

PAGE DE DROITE : Avec Thierry Le Luron, 1978.

Thierry. Pour ma
dernière de Paris-Line
m'avait apporté en scène
au Final 100 Roses dont
il avait fait enlever les épines

Dernière au Casino de Paris, 1979.

Dîner au Palace avec Alain Delon, Mireille Darc, Fabrice Emaer et Thierry Le Luron, 1980.

PAGE DE DROITE :
Avec Sofia Loren, 1977.

Avec Barry Manilow, 1978, au Casino de Paris. J'avais adapté en français sa chanson *Copacabana* et avais ainsi obtenu le « Disco d'or ». Nous fêtons ensemble l'événement !

Avec les deux grands violonistes Yehudi Mer uhin et Stéphane Grappelli, 1972. Un exploit de réunir ces deux grands génies et d'arriver à leur faire jouer ensemble *Jalousie* dans mon émission télévisée *Line Directe*, 1972.

For Line –
Love and xxxx
Frank Sinatra
77

Jamais il n'y aura un autre Frank SINATRA.
ici avant son entrée en scène dans sa loge au Caesar Palace en 77

Ces frères devenus si célèbres en France, en une soirée, grâce à l'émission dans laquelle je les avais invités ! Les Osmond Brothers, 1972.

Avec Fernandel et Sylvie Vartan, 1971.

Avec le groupe Blood, Sweat and Tears, 1973 Un autre groupe célèbre en Amérique ! Je les ai fait venir à Paris, au *Gaumont*, Place Clichy.

La Cordy – La
Copine de Toujours
on s'envoie des Hortensias

Avec Annie Cordy, 1992.

Avec Sammy Davis Jr, mon « voisin » de Los Angeles, 1978.

Samy - Frank et Dean. Leur fief était "Le SANDS". Le mien en face "Le Dunes". On se retrouvait tous au Lounge du "Sands" après le SHOW - CHANTER - RIRE !!

Lola Florès, la légende du flamenco, dans ma loge, 1978.

PAGE DE DROITE : Amália Rodrigues, au Théâtre des Champs-Elysées. Gala pour l'association des Artistes contre le Sida, 1990. Grande dame, merci !

Elle est toujours au TOP. Je l'adore
Shirley MacLaine. Fabuleux TAlent. "Irma La
Douce", Nous avions cédé les Droits du Film pour elle.

PAGE DE DROITE : Anniversaire
de Shirley MacLaine, avec Fabrice
Emaer, au *Palace*, 1979.

MAC LAINE

Avec Yves Mourousi, 1976.

Avec Jacques Chirac et Michel Debré à Pantin, 1978. Je viens de chanter *La Marseillaise* !

Jacques Chirac

J'ai connu Jacques Chirac tout à fait par hasard et après l'avoir rencontré, je l'ai suivi par conviction. Mes convictions étant les valeurs du gaullisme. Jacques en était le représentant légitime. Pourquoi le hasard ? C'était en 1975, à mon retour d'une tournée de deux ans. J'apprends que M. Baumel, maire de Rueil-Malmaison, connaissant mes convictions, avait proposé de m'intégrer au Conseil national de l'UDR, le mouvement gaulliste présidé par Jacques Chirac et qui deviendrait, un an plus tard, le RPR. J'ai accepté et suis restée fidèle à Jacques Chirac et au RPR jusqu'à son élection, en mai 1995. Mes actions humanitaires avec le Sidaction s'étant tellement multipliées, j'ai alors fait le choix, tout en restant fidèle à mes engagements, de me mettre plus en retrait de la politique. Pendant ces trente-cinq ans, de tels liens affectueux se sont noués entre nos deux familles ! Nous avons partagé de grands moments de bonheur, d'émotions, je me souviens de la naissance de Martin ! De doutes, d'incertitude, de chagrins, des victoires aussi ! J'aimerais vous dire, à vous qui lisez ce livre, à quel point Jacques, Bernadette et leur fille Claude sont exceptionnels, humbles, à l'écoute des autres, en particulier des plus démunis. Claude a été, pour Loulou et moi, la fille qui nous manquait. Pour moi, elle l'est toujours aujourd'hui et le sera demain.

Mes Présidents

Pour l'émission de Merv Griffin, aux États-Unis, je devais établir le contact téléphonique entre Monsieur le maire de Paris et Monsieur Griffin, 1981.

Jacques Chirac, en 1986, à la mairie de Paris.

Avec Jacques et Bernadette, mes amis, 1989. Je crois me souvenir que c'est leur anniversaire de mariage, je leur chante *La vie en rose*.

Mon Premier Président
Vincent Auriol

Mon Second.
René Coty
à la Kermesse aux
Étoiles. Tous très
chaleureux avec moi

PAGE DE GAUCHE : Avec Ted Kennedy, 1968.
CI-CONTRE : Avec le prince Rainier de Monaco, 2001.
CI-DESSOUS : Avec la princesse Grace de Monaco, 1977.

Avec François Mitterrand, à l'Elysée, en 1987. Au centre, Monique Lang. Quelques années plus tard, en 1994, le président m'élèvera au grade d'officier dans l'ordre de la Légion d'honneur !

PAGE DE GAUCHE, EN HAUT : Avec Ronald Reagan, en 1988, au cours d'un dîner à Los Angeles. Nancy Reagan m'avait confié que son mari connaissait parfaitement *La Marseillaise* en français ! Au dessert, je la lui ai fait chanter !

PAGE DE GAUCHE, EN BAS : Avec Valéry Giscard D'Estaing, 1992.

pour que le SIDA
n'y entre pas.
ILS EN SONT VICTIMES, ILS COMPRENDRA
ENCORE MOINS D'ETRE REJETES.
45.67.01.01
condom : préservati
"Bonjour, u
vous plaît."

Jacques Chirac et Bernadette reçoivent le roi du Maroc, Mohammed VI, en 2000. Le roi explique au président que son père l'avait emmené, enfant, me voir dans *Paris Line* et qu'au palais, il leur apprenait ma chanson *Étoile des neiges* !

PAGE DE GAUCHE : Avec Lady Diana, 1989.

J'ai connu Nicolas Sarkozy en 1976, dès la création du RPR à la Porte de Versailles. Je l'ai vu grandir dans sa carrière politique ! Ici, avec Hervé, à l'Elysée, 2007.

Merci Monseigneur, Merci Jean Michel d'avoir aidé Maman et Loulou à mieux partir

Monseigneur Di Falco.

DE GAUCHE À DROITE : Colette Renard, Michèle Torr, Patachou, Jacqueline François, Annie Cordy, Rika Zaraï, moi, Thierry Le Luron, Dalida, Régine, Patrick Sabatier, Dany Saval, Bernadette Chirac, Michel Drucker, Francis Lemarque. ACCROUPIS : Sim, Enrico Macias. Christian Morin. DERRIÈRE, DE GAUCHE À DROITE : Jean Vallé, Jean-Louis Jaubert, Sheila, Jacques

Chirac, Alain Barrière, Stéphane Collaro, Jean-Patrick Capdevielle et Éric Charden. Au cours d'un dîner dans les jardins de l'Hôtel de Ville de Paris, organisé pour que Jacques et Bernadette rencontrent une grande partie des auteurs-compositeurs, interprètes de la chanson française. Début des années 80.

Kermesse aux Étoiles, avec Françoise Arnoul, André Luguet, Yves Montand et Ludmila Tcherina , 1957.

Loulou a connu Yves lorsqu'il avait 19 ans, et
lui a composé ses deux premiers succès "Battling
Joë" et "Luna Park" - j'ai débuté en 1948 dans son
spectacle en lever de rideau - En 1949 en fin de 1ère partie

Avec Bernadette Chirac, Yves Montand, Michèle Barzach et Claude Pompidou, 1987.

Avec Loulou et Michel Galabru, à l'Opéra de Paris, 1991.

En 1953, dans l'émission *La joie de vivre* dont j'étais l'invitée d'honneur, je présentais une jeune chanteuse anglaise, Petula Clark, dont le premier disque en Angleterre, *Majorca, Isle of Love* était l'adaptation de mon succès du moment, *Le bal aux Baléares.* Ici, l'une de nos nombreuses rencontres, 1992.

CI-DESSUS : Avec Mikhaïl Barychnikov venu danser à Paris avec les ballets américains au profit de mon association. Jacques Chirac lui remet la grande Médaille de la ville de Paris, 1986.
PAGE DE GAUCHE : Avec Julio Iglesias, à Miami en 1990.

Avec Roman Polanski, François Périer et André Roussin, nous recevons les Archanges du théâtre, l'équivalent des Molière actuels. Moi, pour *Folle Amanda*, Polanski et Périer pour *Amadéus* et André Roussin pour l'ensemble de son œuvre, 1982.

PAGE DE GAUCHE EN HAUT : J'adore Jean-Paul Gaultier !

PAGE DE GAUCHE EN BAS : Avec mon grand ami Michel Leeb, 1991.

186

Avec, entre autres, Mick Jagger, Claude et Jacques Chirac, 1985.

Avec Tony Curtis, au *Ritz*, pour l'anniversaire de Peter Ustinov, 1982.

Dîner avec Charles Aznavour, Liza Minelli et Sammy Davis Jr, 1999.

Liza avait 13 ans quand elle venait à la Jonchère déjeuner avec son père Vincente Minelli - Je connaissais Judy sa maman au "Cocoanut Grove" en 1954 - Puis Bien sûr plus tard les Années Vegas

Avec Sylvester Stallone, 1987.

Avec Robert Wagner, à Los Angeles, 1989.

PAGE DE DROITE : Avec Shirley Bassey, au *Théâtre des Champs-Elysées*, 1989.
CI-DESSOUS : Avec Peter Ustinov, à l'UNESCO, 1983.

194

Avec Cab Calloway, 1985.

PAGE DE GAUCHE : Avec Rosemary Clooney, la célèbre chanteuse de jazz, tante de Georges Clooney. J'enregistrais beaucoup de ses chansons en français. Ici, au Dorothy Chandler Theatre, à Los Angeles, 1980.

Avec Angie Dickinson, dans le *Perry como Show – Christmas in Paris*, 1982.

Avec Jack Lemmon, le soir de son anniversaire fêté chez les Peck, 1986.

197

CI-CONTRE : Avec Tom Hanks, 1986.
PAGE DE DROITE : Avec Audrey Hepburn, 1987.

CI-CONTRE EN HAUT : Avec Madeleine Robinson, en 1994. J'ai rencontré Madeleine pour la première fois à Lille. J'avais 15 ans et je m'appelais Jacqueline Ray. Je débutais. Elle m'encourageait alors à venir tenter ma chance à Paris !
CI-CONTRE EN BAS : Avec Edwige Feuillère, 1982. Dans ma loge au *Théâtre des Nouveautés* où je jouais *Folle Amanda* ; Edwige m'a dit cette chose sublime : « Vous avez des rires d'enfant et des larmes de femme. »
PAGE DE GAUCHE : Avec Michael York, 1988.

202

Avec Philippe Noiret dans le film de Claude Zidi, *Ripoux contre ripoux*, 1989.

PAGE DE DROITE : Année du bicentenaire de la Révolution française, à l'Hôtel de Ville de Paris, je chantais *La Marseillaise* et Barbara Hendricks l'hymne américain, 1989.

_Probablement un des moments les plus émouvants de ma carrière. Chanter à Central PARK N.York. "La Marseillaise" accompagnée Par le N.Y Philharmonic orchestra. Dirigé par James Colon. 400.000 Personnes

Avec James Stewart, 1983.

Gregory et Véronique Peck

Gregory Peck était mon acteur préféré, il l'est encore. Cette rencontre est à nouveau un rêve impossible ! Et le lien de cette rencontre est Véronique Passani. C'était en 1950, je venais de recevoir le Grand Prix du disque avec *Ma cabane au Canada*, ma carrière explosait ! Pierre Lazareff, alors directeur général de *France-Soir*, m'envoie une jeune journaliste free-lance, « Un talent fou, un style moderne, me dit-il, vous allez bien vous entendre toutes les deux. » Ce qui fut dit fut fait. J'ai rencontré Véronique Passani. J'ai tout de suite été frappée par sa beauté pure, sans maquillage, longiligne... et une plume, un style journalistique moderne, peu habituel pour l'époque. Bref, une interview extraordinaire !
On se téléphonait de temps en temps, elle était devenue le reporter des plus grandes personnalités mondiales pour *France-Soir* : le docteur Schweitzer en Afrique, Gregory Peck en Italie, sur le tournage de *Vacances romaines*. Plus tard, en 1955, prenant l'avion pour me rendre à Los Angeles y chanter au *Cocoanut Grove*, je suis folle de joie de retrouver Véronique en passagère. Elle s'envolait vers son nouveau destin : elle allait devenir un peu plus tard Mme Gregory Peck. Le soir de ma générale au Cocoanut Grove, Véronique nous présentait Greg. Cet homme était à tout point de vue au-delà de tout ce que nous avions pu imaginer, la perfection ! Merci Véronique !

Avec mes amis, Véronique et Gregory Peck, 1988.

Avec Barbara Sinatra, Jacques Chirac, Véronique Peck, Claude Chirac, Gregory Peck et Bernadette Chirac, lors du récital Franck Sinatra au *Moulin Rouge* à Paris, 1986.

Chez mon très grand ami, Mouaffak al Midani, avec Micheline et son mari Sean Connery, 1988.

PAGE DE GAUCHE : Véronique Peck, excellente photographe, a pris cette jolie photo. Ils étaient alors de passage à Paris, 1988.

1988. Loulou reçoit la Légion d'Honneur pour l'ensemble de son œuvre "Feeling" en particulier. Quel moment fort pour nous tous.

Avec Claude et Jacques Chirac, Maman, Bernadette Chirac, et Loulou, 1993. Maman appelait cette photo « la photo de famille » !

Avec Elizabeth Taylor, 1985.

Elizabeth Taylor

Ma première rencontre avec Elizabeth remonte aussi aux années 50. À l'époque, j'avais une chanson, *Bleu lavande*, en anglais *Lavander Blue*. Et voilà que cette chanson devient la chanson préférée du duc de Windsor. Je ne le savais pas, jusqu'au jour où je reçois un appel de l'ambassade d'Angleterre nous invitant à un dîner chez le duc et la duchesse de Windsor, rue de la Faisanderie, à Paris. C'était un dîner en l'honneur de la venue de Elizabeth Taylor, en voyage de noces avec le baron Hilton. C'était une réception somptueuse à laquelle des invités de marque étaient conviés, la princesse Margaret, la célèbre journaliste Elsa Maxwell, le duc et la duchesse de Kent... Un pianiste jouait en fond sonore des standards américains. À la fin du dîner, nous étions tous assis autour du piano, Elizabeth et moi, l'une à côté de l'autre, sur le sol. Le duc monte alors sur une petite estrade pour s'adresser à ses invités. Soudain, il s'arrête de parler et nous regarde toutes les deux, avec beaucoup d'humour et dit : « de là où je suis, je vois un tableau magnifique : deux paires d'yeux, FA-BU-LOUS, l'une pervenche, l'autre lavande. S'il vous plaît, Line, voulez-vous chanter la chanson ? ». C'est ce soir-là que j'ai chanté pour la première fois pour Elizabeth, oh pardon !, pour la baronne Hilton ! Je ne savais pas qu'un jour nous serions engagées toutes les deux dans le même combat, la lutte contre le sida.

EN HAUT : Dîner au Moulin de Mougins, pour le gala de l'AMFAR, son association de lutte contre le sida, 1987.
EN BAS : En 1985, j'accueille Elizabeth à l'aéroport de Roissy Charles-de-Gaulle. Elle arrive de Los Angeles.

Avec Phil Collins et Elizabeth Taylor au gala de l'AMFAR, à Cannes, 1993.

Mon combat contre le sida

Création de l'AACS. Assises au premier plan, Suzanne Flon, Marie-Hélène de Rotschild et Dalida. Derrière, Thierry Le Luron, 1985.

Début du combat contre le sida

J'ai été invitée, en 1985, à assister à Los Angeles au premier gala de l'AMFAR (*American Foundation for Aids Research*) organisé par Elizabeth afin de récolter des fonds pour la recherche contre le sida. Ce gala était retransmis en direct à la télévision, sur l'ensemble des États-Unis, le but étant de médiatiser ce sujet tabou. À l'époque, même le président Reagan n'avait jamais prononcé le mot *Aids*. Toute la communauté hollywoodienne a suivi Elizabeth Taylor dans son combat. Ce fut un grand succès financier et médiatique. L'objectif était atteint. À la mort de Rock Hudson, j'ai été interviewée aux actualités de France 2 pour parler de ce gala. J'ai conclu, sans penser à moi qui devais repartir aux États-Unis pour jouer *Folle Amanda*, que les artistes français allaient devoir suivre l'exemple de Liz Taylor car le fléau allait traverser l'Atlantique, sans choisir sa cible et en recontrant le même tabou et le même silence de la part des pouvoirs publics. De retour à mon bureau, tous les artistes français, Thierry Le Luron, Michel Leeb, Dalida, Brialy, Marie-Hélène de Rothschild, Nana, et tant d'autres !, m'appelaient pour me dire : « vas-y, on te suit ! ». C'est comme ça que j'ai créé, en octobre 1985, l'AACS, l'Association des Artistes Contre le Sida. Pour mon premier gala de récolte de fonds, au Paradis Latin, Elizabeth, à son tour, est venue exprès de Los Angeles pour nous aider. Je ne pensais pas, et probablement Elizabeth non plus, que trente-trois ans plus tard, nous serions toujours de ce combat. Même si les progrès sont considérables, le sida, hélas, est toujours là.

218

Page de gauche, en haut : Les professeurs Luc Montagnier, Marc Gentillini, Jean-Claude Chermann et Claude Griscelli, 1987.
Page de gauche, en bas : Avec Cleews Vellay, Pierre Bergé, Luc Montagnier, Arnaud Marty-Lavauzelle, réunis pour la création du Sidaction, 1994.

À l'Institut Pasteur, je remets les premiers chèques de collecte de fonds pour la lutte contre le sida. À ma gauche, Bernadette Chirac et Marie-Hélène de Rotschild, 1986.

Entre le gala au Paradis Latin et, le 11 décembre 1985, l'émission de Pierre Bellemare, *Au nom de l'amour*, M. Jean Michardière, conseiller maître à la Cour des comptes et trésorier bénévole de notre association, récolte un peu plus d'un million de francs.

À l'issue de ces deux événements, je remets les premiers chèques dédiés à la recherche contre le sida à l'Institut Pasteur, à la fondation pour la recherche médicale et à Daniel Defert afin de créer la première association d'aide aux malades en France, AIDES.

Lady Di m'accompagne pour l'ouverture du premier kiosque, 1992.

1986. un groupe de jeunes me propose de Parrainer "A.J.C.S." association jeune contre SIDA. J'accepte et nous ouvrons "le Kiosque" 1ère vitrine sur Rue pour informer les jeunes. LADY DIANA séduite par cette idée. Nous rend visite

uttons : « Ensemble contre le sida » !

SIDACTION 2008
LES 28, 29 ET 30 MARS

Merci, un très grand merci, à toute l'équipe de Sidaction réunie autour de moi. Merci aussi à notre président Pierre Bergé, absent ce jour-là pour des raisons personnelles très douloureuses, 2008.

Avec Gilles Lelouch, Pascal Obispo, Thierry Chassagne et Lionel Florence. Assis, Jean Valère-Albertini, Nathalie André, Michel Field...
Nous fêtons le double disque de platine *Ensemble*, 1998.

PAGE DE DROITE :
Avec Pascal Obispo, 2003.

225

Pascal Obispo

Pascal est entré dans ma vie de combattante en 1993. C'est un homme extrêmement sensible, à fleur de peau, et cette cause, la lutte contre le sida, le touche particulièrement car ce sont les jeunes les plus concernés par ce fléau. Le premier enregistrement auquel il a participé était *Entre sourire et larmes*, pour Sony Music, les paroles des chansons étaient écrites par des malades du sida. La jeune femme, auteur de sa chanson est décédée peu de temps après, ce qui l'a profondément attristé. Depuis, il est resté fidèle à la cause et a été très précieux pour le Sidaction. Pascal est un magicien pour avoir réussi à réunir autant d'artistes célèbres et de footballeurs internationaux pour ses enregistrements. En écrivant, avec Lionel Florence, *Sa raison d'être, Noël ensemble, Love United, 10 ans ensemble* et en cédant tous ses droits, il a permis à Sidaction de surmonter les moments difficiles, aux chercheurs de continuer à progresser dans leur recherche, et aux associations de poursuivre leurs programmes de prévention et d'aide aux malades. Côté cœur – le mien – il occupe une grande place, un peu comme un fils.

Pascal et moi, 2008.

Gala de l'espoir contre le sida, avec Nathalie Baye, Nicole Croisille, Nana Mouskouri, Frédéric Castex, Mathilda May, Jean-Hugues Anglade, 1987.

Les présidents de chaînes, tous présents contre le sida, 1994.

PAGE DE GAUCHE :
Avec mon ami Pierre Bergé, lancement du Sidaction, 1998.
CI-DESSOUS : Pierre Bergé, Ruppert Everett, Catherine Deneuve,
Jean-Claude Brialy et Jack Lang, au gala de la Mode contre le sida, en 2004.
Un événement très attendu chaque année par Sidaction. Merci ! Merci !

Pierre Bergé Président de "Sidaction" dont je suis Vice Présidente crée "Ensemble" en 1994. Lui aussi est de ce combat depuis le début de l'épidémie. C'est un Homme que je respecte beaucoup

232

La Mode contre le sida, avec Valérie Lemercier et Christian Lacroix, 2007.

PAGE DE DROITE : Madonna remet un chèque au profit de l'Association des artistes contre le sida (AACS), 1987.

GROUPE DE BANQUES
MADONNA
CICCONE

PAGE DE GAUCHE : Raquel Welsch, lors de la soirée Mode contre le Sida, 2007.

Laurent Baffie, Marc Levy, Muriel Robin, Jean-Pierre Foucault, Laeticia Hallyday, Yves Rénier, François Berléand, Michèle Laroque, Dave, Christophe Dechavanne et Patrick Fiori participent à l'émission *Qui veut gagner des millions* spéciale Sidaction, 2006.

l'Afrique

La lutte contre le sida s'organise aussi en Afrique où Sidaction est très actif. En 1999, j'accompagne le professeur Gentillini à Pointe Noire, au Congo, pour l'ouverture du premier centre de soins. J'inaugure ici la maternité en présence du président Sassoun Guesso et de son épouse.

J'ai assisté à la naissance du premier bébé né à la maternité. J'ai eu l'immense émotion de couper le cordon ombilical. Cette petite fille s'appelle Madeleine-Line, et elle n'est pas séropositive.

Avec Kofi Annan et Nana Mouskouri, au siège de l'ONU, à New York, 2000.

Je reçois les insignes d'officier de la Légion d'honneur, ici en compagnie de Michel et Jean Drucker, 1994.

PAGE DE DROITE : Avec Pierre Arditi, à La Baule, 1998. Nous faisons le projet de tourner un jour ensemble. Quelques années après, en 2004, nous sommes partenaires dans *Un aller-retour dans la journée.*
CI-DESSOUS : Avec Georges Chakiris, Annie Girardot, David Soul, Alexandra Kazan et Francis Huster, lors de la projection des *Filles du Lido*, 1994.

PAGE DE GAUCHE : Avec mon amie
Annie Girardot, 2002.

Avec Annie j'ai tourné
"Les filles du Lido" quelle
belle actrice. Sa fragilité me
touchait beaucoup. J'aimais la protéger

Fou rire avec Michel Sardou, 1996.

Avec Robert Hossein, 1995.

CI-CONTRE : Avec Jean-Paul Belmondo, 1997.
PAGE DE DROITE : Avec Mstislav Rostropovitch, 1992.

Défilé Yves Saint-Laurent avec Paloma Picasso, Yves Saint-Laurent, Jack Lang et Inès de La Fressange, 1996.

Avec Odette Joyeux, son fils Claude Brasseur, un ami et son petit-fils Alexandre Brasseur, 1999.

Avec Daniel Gélin, 1996. J'ai gardé un merveilleux souvenir des histoires de sa vie qu'il racontait avec tant d'humour ! J'ai tourné avec lui un téléfilm pour TF1, *Une femme d'action*, en 1997.

Catherine Lara est l'amie de toujours, on se reçoit en « voisines » ! Ici, en 2008.

DE GAUCHE À DROITE, EN HAUT :
Liane Foly, Michèle, ma filleule américaine alors danseuse au Moulin Rouge, Cédric, Daniel Lévy, Toots Thielemans, Pascal Obispo, Patrick Fiori.
AU CENTRE : Catherine Lara, Muriel Robin, Mathilde Seignier, Florence Thomassin.
ASSISES : On reconnaît notamment, Julie Zenatti, Maurane, Fanny Cottençon. Une émission spéciale, *Tous avec Line*, présentée par Muriel Robin sur TF1 en 2001.

254

Concert au théâtre des Champs-Elysées, le 4 juillet 2000.

Quincy ! pour Loulou était un Dieu !
le 2 juillet 2000. Avant son concert au
Théâtre des Champs Elysées 300 invités chez moi pour lui

Avec Quincy Jones, Muriel Robin, Pascal Obispo, Henri Salvador, Nana Mouskouri, Michel Leeb, Jean Reno, Carlos et Laeticia Hallyday. Accroupis, Michel Legrand et Sacha Distel, 2000.

Las Vegas

Septembre 1999 - L'ouverture du "Paris" Hôtel - CASINO Vegas
Mes Amis sont Là. Charles - Michel - Catherine Deneuve - Grand Moment
Quand la Tour Eiffel Paris s'éteint et celle de Vegas s'Allume

Avec Michel Legrand accompagné par l'orchestre philarmonique du Nevada. Ce soir-là, je re-chante un medley sur Paris !

257

Avec, entre autres, Catherine Deneuve, Levon Sayan, Charles Talar, Quincy Jones, Charles Aznavour et Donald Trump, à l'ouverture de l'*Hôtel*

Paris à Las Vegas, 1999.

Avec Céline Dion, René Angélil et Joël Rebuchon, 2006.

PAGE DE DROITE : Avec Elton John, 1994.

Avec Siegfred and Roy, 1999.

PAGE DE GAUCHE : Avec Barbra Streisand, 2008.

Avec Philippine de Rothschild, Leslie Caron, Jean Marais, Claudia Cardinale, Françoise Christophe, Françoise Dorin, derrière

moi, Jean-Pierre Cassel, Caroline Cellier. DEVANT : Jean-Claude Brialy, Josiane Balasko, Richard Berry et Pierre Palmade, 1993.

Avec Nicolas Canteloup, 2008.

Mathilde était ma petite fille dans le film
"Belle Maman" Elle l'est restée dans ma vie.

CI-DESSOUS : Avec Valérie Kaprisky et Sophie Marceau, 1994.
PAGE DE DROITE : Avec Claire Denis et Béatrice Dalle, festival de Cannes, 1994.

avec Sophie je me souviens d'un voyage au JApon pour le Festival du Film Français que je co-présidais avec Toscan du Plantier - 20 Heures d'Avion 20 Heures de discussion - génial !

c'était une réception au Festival de Cannes
avec la belle Beatrice, Dominique Besnehard qui est
son protecteur si dévoué depuis toujours et Bertrand de Labbey

Avec Béatrice Dalle, Dominique Besnehard, très grand ami et, à l'époque, mon agent chez Artmédia, l'agence dirigée par Bertrand de Labbey, à droite de la photo, 2004.

Au festival de Cannes, avec Elsa Zilberstein, Patrick Timsit, Daniel Toscan du Plantier, Patrick Bruel et Emmanuelle Béart, 1999.

Au festival du film de Luchon, avec mon premier prix d'interprétation pour *Suzie Berton*, 2004.

Avec David Kodsi et Daniel Russo, 2004.

2004 Festival du Film de Luchon
trois honneurs : David Kodsi le
Producteur. Daniel Russo 1er Prix
d'interprétion et Moi Aussi 1er Prix. Merci
Bernard STORA pour "Suzie Berton"

Festival du film de Cognac, avec André Dussolier, nous recevons le Grand Prix du Télépolar, pour *Suzie Berton*, 2004.

PAGE DE DROITE : Un très grand moment d'émotion pour moi. Je ne pensais alors qu'à maman et à Loulou ! 2002.

en 2002 Le Président Jacques
Chirac me remet les insignes de
Commandeur de l'Ordre de la Légion d'Honneur

PAGE DE DROITE :
Avec Alain Juppé, dans ma loge au *Palais Royal*, où je jouais *Poste Restante*, 2002.

Les amis étaient là aussi ! Avec Raymond Devos et Jean-Claude Brialy, le même jour !

CASINO DE PARIS
LINE RENAUD
Plaisirs

Avec Monique et Jack Lang, 2006.

PAGE DE DROITE, EN HAUT :

Avec Patrick Poivre d'Arvor, 2008.

PAGE DE DROITE, EN BAS :

Avec Bernard Kouchner
et Christine Ockrent, 2007.

LENÔTRE

Avec Muriel Robin, Josée Dayan et Ségolène Royal, le 5 janvier 2008, au *Théâtre des Variétés*, dernière représentation des *Fugueuses*.

PAGE DE GAUCHE : Avec Philippe de Gaulle, 1994. J'ai toujours été gaulliste, mon regret est de n'avoir jamais rencontré le général de Gaulle. D'autant que l'amiral m'a confié que son père adorait ma chanson *Le petit chien dans la vitrine* et mon film *La Madelon* !

Avec Simone Veil, 2005.

Les deux femmes que j'admire le plus.
Quelles rencontres !

Avec sœur Emmanuelle, 2000.

283

Au ministère de la Culture, Meryl Streep reçoit la cravate de grand officier des Arts et des Lettres en présence d'Anouk Aimée, Maria Schneider, Jean-Jacques Aillagon et Jeanne Moreau, 2003.

Jeanne, nous nous
croisons souvent dans les réceptions
où elle est à chaque fois brillante.

J'ai connu Bertrand Delanoë chez Dalida il y a 25 ans. Depuis notre amitié n'a fait que grandir. Je l'aime beaucoup et il me le rend bien

PAGE DE GAUCHE : Avec Micheline Presle, 2008.
CI-CONTRE : Avec mon ami Bertrand Delanoë, 2000.

17e Arrt
PLACE
LOULOU GASTÉ
1908 - 1995
GUITARISTE
AUTEUR - COMPOSITEUR

en 2005
l'Inauguration
de la Place
Loulou Gasté - 17ème
là où il est né -
où il a grandi
où l'on s'est mariés

Hommage à Barbara, pour le 10e anniversaire de sa disparition, au *Théâtre des Variétés*, 2007.

Muriel Robin

Ma Mumu, quelle rencontre ! Encore une fois, un doute : 1988 ou 1990 ? Pendant le spectacle de Clémentine Célarié, tu nous avais fait rire, nous, public dans la salle, toi, farceuse, donnant la réplique à Clémentine depuis la rue...
À la sortie, notre premier dîner (le 2/8... mes deux chiffres fétiches ! et en plus, c'était le soir de ton anniversaire), sur la table du restaurant, Loulou, qui te faisait une démonstration du *shuffle*, toi, qui as le rythme dans la peau, en quelques minutes tu étais au diapason avec lui.
Il t'apprenait sa nouvelle chanson, *C'est un pianiste américain*, il ne savait pas qu'un jour, bien après son décès, un CD *Hommage à Loulou Gasté* lui serait dédié, dans lequel, très émue, comme un clin d'œil, tu lui chantais son *pianiste américain*, sa dernière chanson. Toi et moi, c'était hier, c'est aujourd'hui, c'est demain, c'est toujours. Merci d'avoir fugué avec moi, je suis prête à recommencer quand tu veux ! Je t'aime. Ta Line.

PAGE DE GAUCHE : Avec Muriel, 2008.

CI-DESSUS ET CI-CONTRE : *Les Fugueuses, 2007-2008.* Quel succès ! Transmission en direct le 5 janvier 2008 : huit millions de téléspectateurs !

Avec Claude Chirac et Michèle Laroque, 2006.

Je ne peux pas me passer de ces deux là - Elles le savent bien - Je suis heureuse qu'elles soient devenues de si grandes Amies. C'est Bon ensemble à la Maison

294

Avec Roberto Alagna, 2005.

Avec Jean Todd et sa femme, Michèle, 2008... Ils sont si heureux ! Un jour chez Guy Savoy, Jean m'a dit : « Tu n'es pas une Renaud, tu es une Ferrari » ! Cela aurait fait plaisir à Loulou qui aimait tant cette voiture. Cela ne m'a pas déplu non plus !

Avec Jean Reno et sa femme Zofia, 2008. J'étais à leur mariage à l'*Hôtel Oustau de Baumanière*, aux Baux-de-Provence, c'était fabuleux ! Je viens d'y retourner pour fêter ses 60 ans !

PAGE DE GAUCHE : Avec Guy Bedos, 2006. Nous avons tourné ensemble en 2005 *Une famille pas comme les autres*, depuis on s'envoie des textos sans arrêt !

CI-CONTRE : Avec Thomas Dutronc, 2005.

CI-DESSOUS : Jenifer, je la suis depuis ses débuts. J'étais sûre de son succès, et ça ne fait que commencer ! Ici, en 2002.

Avec Patricia Kaas, 2008.

Toute cette nouvelle génération d'artistes me fascine. Jenifer est extrêmement douée, Thomas Dutronc, Patricia Kaas et sa voix de Blues. Elle m'a époustouflée sur scène.

CI-CONTRE : Avec Florent Pagny, 2003.
CI-DESSOUS : Avec Georges Moustaki, 2004.
PAGE DE DROITE : Avec Dany Boon, qui vient d'être fait chevalier des Arts et des Lettres, 2008.

Dany Boon

Dany Boon, même sans le connaître, j'étais très fière de lui, une fierté de ch'ti parce qu'il est d'Armentières, et moi aussi. Quand il est passé pour la première fois à l'*Olympia*, j'étais en Amérique et bien que je ne l'aie pas encore rencontré, je lui ai envoyé un télégramme avec tous mes vœux les plus sincères, les plus chaleureux pour un immense succès. J'ai su, bien après, par Dany, que ça l'avait vraiment beaucoup touché. Nos routes se sont ensuite souvent croisées : je suis allée le voir dans sa pièce *La maison du bonheur* et le dîner mémorable qui a suivi, avec Claude Chirac, Michèle Laroque, Arthur, et bien sûr Yaël Boon, a été déterminant pour notre amitié. Nous avons tellement ri ! Et c'est là que nous avons commencé, entre nous deux, à parler en patois du Nord. Il m'a demandé si j'acceptais de faire un clin d'œil dans son premier film, en jouant le rôle d'une tante qu'il s'inventait, tante Suzanne. On a bien ri, une fois encore. Pendant que je tournais *Le silence de l'Épervier*, à Bordeaux, il m'a téléphoné pour me proposer de jouer le rôle de sa mère dans *Bienvenue chez les ch'tis*. La lecture de son scénario m'a emballée, mais j'étais bloquée à Bordeaux pour quatre mois ! Alors, les productions se sont arrangées et j'ai fait des allers-retours entre Bordeaux et Bergue. Le premier jour de tournage, j'étais éblouie par sa maîtrise de metteur en scène, sa facilité à passer par l'émotion, la tendresse, le gros rire, la poésie, la finesse de son jeu. C'est un grand. Il vient d'être nommé chevalier de l'ordre de la Légion d'honneur, c'est vraiment mérité, encore une fois, je suis fière de lui.

Festival de Cannes, 2008. Avec Kad Merad, Dany Boon et sa femme, Yaël. Pour fêter les vingt millions de spectateurs de *Bienvenue chez les*

ch’tis, record absolu de l’industrie du film français. Merci Dany et merci à Christian Lacroix de m’avoir fait porter cette si jolie robe.

JOYEUX
NNIVERSAIRE
80 étés
LENÔTRE
PARIS
LENÔTRE
PARIS
LENÔTRE
PARIS

À ce moment de mon parcours,
Je découvre une autre forme d'amour
Une amitié affectueuse
Qui me rend très heureuse.
Car c'est un être exceptionnel,
Michel.

Mes 80 Ans!

EN HAUT : Avec Michel Boucau, notre hôte.
EN BAS : Avec Jacques et Bernadette Chirac, Antoine et Simone Veil, et derrière, Nana Mouskouri et son mari André Chapelle.
PAGE DE GAUCHE : Un grand merci à Patrick Scicard pour son amicale complicité et à toute la merveilleuse et efficace équipe du *Pré Catelan*.

CI-DESSUS À GAUCHE : Avec mon Martin et ma Claude.
CI-DESSUS À DROITE : Avec Mimie Mathy, un trésor !

PAGE DE DROITE, EN HAUT : Avec ma « filleule » de cœur, Liane Foly. Je suis très fière d'elle. Elle a réussi avec *La Folle parenthèse* une fabuleuse reconversion. Merci pour son interprétation de *Feelings* de Loulou.
PAGE DE DROITE, EN BAS : Avec Pascal Obispo, Alain Delon et Jenifer.

Line

EN HAUT : Avec Michel Boucau, André Chapelle, Nana Mouskouri et Patrick Scicard.

EN BAS : Quelle émotion pour moi et pour tous, autour de moi : Mimie, Michel, Michel Leeb, Alain...

Qu'elles sont belles, mes rencontres d'Autrefois
Mais je me connais, ça n's'arrêtera pas là
La vie me réserve pour l'Avenir
d'autres Nouvelles rencontres à venir
Je le sais, je le sens, c'est en moi
Je vais vivre encore d'autres premières fois !

Crédits photo

Photo ouverture : © Photo Frédéric Le Lan, 2004 ; P. 6 – 12 : © DR ; P. 13 : © Rue des Archives / AGIP ; P. 14 : © Dalmas / SIPA ; P. 15 : © Huffschmitt / SIPA ; P. 16 : © Dalmas / SIPA ; P. 17 : © Rue des Archives / AGIP ; P. 18 : © Pierre Fournier / Sygma / Corbis ; P. 19 : © DR ; PP. 20-21 : © Tony Frank / Sygma / Corbis ; PP. 22-25 : © DR ; P. 26 : © Siaud / Angeli ; P. 27 : © CINELLI / SIPA ; P. 28 : © Agence Angeli / Angeli ; P. 29 : © Angeli- Rindoff / Angeli ; PP. 30-31 : © DR ; P. 32 : © Frédéric Piau / Angeli ; P. 33 : © DR ; P. 34H : © DR ; P.34B : © Rue des Archives / AGIP ; P. 35 : © DR ; PP. 36-37 : © Rue des Archives / AGIP ; P. 38H : © DR ; P.38B : © Photo Germaine Traverso ; PP. 39-40 © DR ; P. 41 © Rue des archives / AGIP ; P.42G © Universal Photo / SIPA ; P. 42D : © DR ; P. 43 : © Rue des Archives / AGIP ; P. 44H : © Rue des Archives / Agip ; P.44B : © DR ; P. 45 : © Photo A. Richard ; P. 46 : © Photo Ambassador Hotel Photograph Irving L. Antler ; P. 47 : © Photo France-Soir ; P. 48 : © Photo M.S. Berton ; P. 49 : © Bettmann / Corbis ; P. 50 : © DR ; P. 51 : © Photo Radar ; PP. 52- 61 : © DR ; P. 62H : © DR ; P.62B : © Rue des Archives / AGIP ; P. 63 : © Photo Paris-Match ; P. 64 : © DR ; P. 65 : © Rue des Archives / AGIP ; P. 66 : © Europress – Sygma / Corbis ; P. 67 : © Pierre Bernasconi- Corbis / Sygma ; PP. 68-69 : © DR ; P. 70H : © Europress / Sygma / Corbis ; P.70B : © DR ; P. 71 : © DR ; P. 72 : © Photo Bernard / Télé 7 jours ; P. 73 : © Rue des Archives / AGIP ; P. 74 : © Pierre Bernasconi-APIS / Sygma / Corbis ; P. 75H : © Rue des Archives / AGIP ; P.75B : © James Andanson / Sygma / Corbis ; P. 76 : © Photo Jean-Pierre Massenet / France Soir ; P. 77 : © Thierry Orban / Corbis / Sygma ; P. 78 : © Bertrand Rindoff- Petroff / Angeli ; P. 79 : © Rue des Archives / AGIP ; P. 80H, G et D : © Rue des Archives / AGIP ; P.80B : © DR ; P. 81 : © Angeli-Guirec / Angeli ; P. 82 : © DR ; P. 83 : © Photo Charles Ichaï ; PP. 84-85 : © Rue des Archives / AGIP ; PP. 86-91 : © DR ; P. 92 : © Photo Las Vegas News Bureau ; PP. 93-95 : © Photo Sandra Lichtenfeld ; PP. 96-98 : © DR ; P. 99 : © Sygma ; PP. 100- 102 : © DR ; P. 103 : © Rue des Archives / AGIP ; P. 104 : © Jean-Claude Woestelandt / Angeli ; P. 105 : © APIS / Sygma / Corbis ; P. 106 : © Rue des archives / AGIP ; P. 107 : © Dalmas / SIPA ; PP. 108-109 : © DR ; P. 110 : © APIS / Sygma / Corbis ; P. 111 : © Paris jours / SIPA ; P. 112 : © Rue des archives / AGIP ; P. 113 : © Dalmas / SIPA ; PP. 114-115 : © DR ; P. 116 : © Rindoff-Guirec / Angeli ; P. 117 : © DR ; P. 118H : © DR ; P.118B : © Jérémy Bembaron / Corbis / Sygma ; PP. 119-120 : © DR ; P. 121 : © Tony Frank / Sygma / Corbis ; P. 122 : © Dalmas / SIPA ; P. 123 : © DR ; PP. 124-125 : © Bertand Rindoff Petroff / Angeli ; P. 126 : © Rue des Archives / AGIP ; P. 127 : © Dalmas / SIPA ; P. 128 : © Photo Eric Lefeuvre ; P. 129 : © DR ; P. 130 : © Bertrand Rindoff-Petroff / Angeli ; PP. 131 : © Photo Petra Vicel ; P. 132 : © DR ; P. 133H : © Rue des archives / AGIP ; P.133B : © DR ; P. 134 : © DR ; P. 135H : © Bertrand Rindoff - Petroff/ Angeli ; P.135B : © Rue des archives / AGIP ; P. 136 : © Rindoff-Guirec / Angeli ; P. 137 : © Bertrand Rindoff-Petroff / Angeli ; PP. 138-139 : © J-P. Laffont Sygma / Corbis ; P. 140 : © DR ; PP. 141-143 : © Rue des archives / AGIP ; P. 144 : © Bertrand Rindoff – Petroff / Angeli ; P. 145 : © DR ; P. 146 : © Rue des Archives / AGIP ; PP. 147-151 : © DR ; P. 152 : © Rue des Archives / AGIP ; P. 153 : © DR ; P. 154 : © Rindoff-Woestelandt / Angeli ; P. 155 : © DR ; P. 156 : © Rindoff-Woestelandt / Angeli ;

P. 157 : © Villard / SIPA ; PP. 158-159 : © DR ; PP. 160-161 : © Rindoff-Paterson ; P. 162 : © Rindoff-Woestelandt / Angeli ; P. 163 : © Photo AFP ; P. 164 : © DR / Photo G.-C. Baudelet ; PP. 165-166 : © DR ; P. 167H : © Photo France Illustration, P. 167B : © Rue des Archives / AGIP ; P. 168 : © DR ; P. 169H : © DR ; P. 169B : © Photo Laszlo Veres ; PP. 170-172 : © DR ; P. 173 : © Photo D. Sardenne / DR ; P. 174 : © Bertrand Rindoff-Petroff / Angeli ; P. 175 : © Bertrand Rindoff-Petroff-Borde / Angeli ; PP. 176-177 : © DR ; P. 178 : © Photo France Soir ; P. 179 : © Photo Davy / Cinéstar ; PP. 180-183 : © DR ; P. 184H : © Rindoff-Petroff / Angeli ; P.184B : © Frédéric Hervé / Angeli ; P. 185 : © Rue des Archives / AGIP ; P. 186 : © Rindoff-Paterson / Angeli ; P. 187 : © DR ; P. 188 : © Photo Eric Lefeuvre ; PP. 189-191 : © DR ; P. 192 : © Photo Photos News ; P. 193 : © Photo Davy / Cinéstar ; PP. 194-195 : © DR ; P. 196 : © Photo L. Fournol / Jours de France ; P. 197 : © DR ; P. 198 : © Eric Robert / Sygma / Corbis ; PP. 199-200 : © Photos Davy / Cinéstar ; P. 201H : © DR ; P. 201B : © Photo Frédéric Behar ; PP. 202-211 : © DR ; P. 212H : © Frédéric Hervé / Angeli , P.212B : © Rue des Archives / AGIP ; PP. 213-214 : © DR ; P. 215H : © Bernanous - Duclos-Saa / Gamma ; P.215B : © DR ; P. 216 : © Stills ; P. 217 : © Rue des Archives / AGIP ; P. 218 : © DR ; P. 219 : © Rue des Archives / AGIP ; P. 220 : © Langevin / Corbis ; P. 221 : © Bernard Bisson- Sygma / Corbis ; PP. 222-223 : © Photo Kasia Wandycz / Paris-Match ; P. 224 : © Leroux / SIPA ; P.225 : © Rachid – Bellak / Angeli ; PP. 226-227 : © Photo Greg Sousan ; P. 228 : © DR ; P. 229 : © Eric Robert / Corbis / Sygma ; P. 230 : © Photo Patrick Davy / Prestige ; P. 231 : © Rindoff-Petroff / Angeli ; P.232 : © Rindoff-Guirec / Angeli ; P. 233 : ©DR ; P. 234 : © Rindoff-Bellak / Angeli ; P. 235 : © Daniel Angeli / Angeli ; PP. 236-237 : © Patrick Robert / Corbis / Sygma ; P. 238 : © Jason Szenes / Corbis / Sygma ; P. 239 : © Stéphane Cardinale- Corbis / Sygma ; P. 240 : © Bertrand Rindoff / Angeli ; P. 241 : © Eric Robert / Corbis / Sygma ; P. 242 : © Rindoff-Guirec / Angeli ; P. 243 : © Coadic-Guirec / Angeli ; P. 244 : © Rindoff-Borde / Angeli ; P. 245 : © Bertrand Rindoff / Angeli ; P. 246 : © Rindoff-Petroff / Angeli ; P. 247 : © DR ; P. 248 : © Rindoff-Garcia / Angeli ; P. 249 : © Coadic-Guirec/Angeli ; P. 250 : © Angeli-Rindoff-Garcia / Angeli ; P. 251 : © Bertrand Rindoff-Petroff-Guirec-Coadic / Angeli ; PP. 252-260 : © Gérard Schachmes / Regards ; PP. 261-262 : © Bertrand Rindoff-Petroff / Angeli ; P. 263 : © Gérard Schachmes / Regards ; PP. 264-265 : © Bertrand Rindoff-Petroff / Angeli ; PP. 266-267 : © Rindoff-Petroff-Guirec-Coadic/ Angeli ; P. 268 : Rindoff-Davy / Angeli ; P. 269 : © Angeli-Rindoff-Garcia / Angeli ; P. 270 : © Gérard Schachmes / Regards ; P. 271 : © Bertrand Rindoff Petroff / Angeli ; P. 272 : © David Bécus / Corbis ; P. 273 : © DR ; P. 274 : © Photo FTW / Starface ; PP. 275-276 : © Photo Eliott Press ; P. 277 : © Rindoff-Guirec / Angeli ; P. 278 : © Rindoff-Petroff / Angeli ; P. 279H : © Bertrand Rindoff-Petroff-Coadic-Guirec / Angeli ; P.279B : © Rindoff-Petroff / Angeli ; P. 280 : © Bowen / Angeli ; P. 281 : © DR ; P. 282 : © Nikola Kis Derdei / Angeli ; P. 283 : © DR ; P. 284 : © Coadic-Guirec / Angeli ; P. 285 : © Rachid Bellak / Angeli ; P. 286 : © Bertrand Rindoff-Petroff-Coadic-Guirec / Angeli ; P. 287H : © DR ; P.287B : © Rindoff-Guirec / Angeli ; PP. 288-289 : © Rindoff-Guirec / Angeli ; P. 290 : © Photo H and K ; P. 291 : © Coadic-Guirec / Angeli ; P. 292 H : © Rindoff-Guirec / Angeli ; P. 292B : © Rindoff-Bellak / Angeli ; PP. 293-294 : © Bertrand Rindoff-Petroff / Angeli ; P. 295 : © Rindoff-Petroff-Guirec-Coadic / Angeli ; P. 296 : © Bertrand Rindoff-Petroff / Angeli ; P. 297 : © Rindoff-Petroff-Guirec-Coadic / Angeli ; P. 298 : © Rindoff / Guirec / Angeli ; P. 299 : © DR ; P. 300 : © Bertrand Rindoff-Petroff / Angeli ; P. 301 : © DR ; P. 302-303 : © Borde-Jacovidès / Angeli ; PP. 304-309 :© Rindoff-Petroff-Guirec-Coadic / Angeli.

Dans ce livre, vous ne trouverez pas toutes les rencontres personnelles, plus anonymes pour le public, mais qui pourtant comptent aussi énormément pour moi.

Pardon pour les rencontres de ma vie non mentionnées ici, ce sont les aléas des images d'archives...

REMERCIEMENTS

À mon très précieux collaborateur, HERVÉ SAOUZANET, pour la recherche iconographique.
À Sophie Comte-Surcin pour l'efficacité de son travail sur ce livre.
Sans oublier ma NICOLE (SONNEVILLE), ma fidèle amie et attachée de presse.

Responsable éditoriale : Odile Perrard
Assistantes d'édition : Laurence Beaux
avec la collaboration de Sophie Comte
Directrice artistique : Nancy Dorking
Mise en page : Gaëlle Chartier
Lecture-correction : Myriam Lesage et Cécile Reichenbach
avec la collaboration de Baptiste Gacoin et Flavie Gaidon
Fabrication : Rémy Chauvière

Photogravure : APS Chromostyle
Achevé d'imprimer en France - n° L48001
Dépôt légal : octobre 2008
ISBN : 978-2-84277-947-4
34/2109/6-01